Erika Dillmann

Glossen

Erika Dillmann

Glossen

Zeichnungen **Jürgen Weing**

Senn Verlag

Wir danken der Volksbank Tettnang,
Herrn Dr. D. Wolfram, Ravensburg
und der ZF Kulturstiftung, Friedrichshafen
für die freundliche Förderung dieses Buches.

Impressum

Erika Dillmann
Glossen
mit Zeichnungen von Jürgen Weing
Verlag Lorenz Senn GmbH + Co. KG, Tettnang, 2002
ISBN 3-88812-192-2
© Verlag Lorenz Senn, Tettnang 2002
Nachdruck, auch in Auszügen, nur mit Genehmigung
des Verlages
Gesamtherstellung: Senn/Graphischer Betrieb, Tettnang

Glücksfall

Der Schrecken über den Sturz nahm allen den Atem, niemand fragte nach der Ursache, und Tadel wäre jedem in der Kehle stecken geblieben. Das Kind schrie. Es schrie mit einer Stimmgewalt, die niemand dem schmalen Körper zugetraut hätte, und es dauerte lang, bis das Schreien schließlich im tiefen, stoßenden Schluchzen verebbte. Dann hörten auch die Tränen auf. Nur die Beule am Lockenansatz über der Stirn wuchs groß wie eine Kinderfaust. Das hätte auch ins Auge gehen können.

Am oberen Ende der Leiter zu dem Bett über dem ihren hatte die Kleine wohl herumgeturnt und dabei das Gleichgewicht verloren; mehr als Sekundenbruchteile braucht das Schicksal nicht. Vorsichtig trug der Vater sie auf beiden Armen zur Couch, wo man sie flach bettete, nur ein kleines Kissen im Nacken. Besorgte Blicke hingen an dem bleichen, tränenverschmierten Gesicht, man streichelte sie, man fühlte den Puls, man beschied die Geschwister, leise zu sein, während die Frage hin und her ging, was zu tun und ob der Arzt zu rufen sei.

Anderntags zeigte sich, dass es richtig gewesen war, erst einmal abzuwarten. Das Kind war bald nach dem Sturz eingeschlafen und erst am anderen Morgen wieder aufgewacht, gesund, als wäre nichts geschehen. Und doch war auf einmal etwas Neues in den großen, hellen Augen.

Sie war schon immer leicht zu handhaben gewesen, sie begriff rasch, sie ordnete sich ohne viel Aufhebens ein. Deshalb blieb sie am Rand, während alle Welt sich um die Geschwister kümmerte. Aber nun war alles anders. Ins schiere Glück war sie gefallen, aufgefangen von unendlich sorgender Zärtlichkeit. Aus Schrecken und Schmerz wuchs die wunderbare Gewissheit, wichtiger zu sein als irgend jemand sonst. In der Mitte der Welt sein – was braucht man sonst, um zu leben?

Abgelaufen

Es widerstrebt einem, etwas wegzuwerfen, was scheinbar pfennigganz ist. Insofern will ich es immer noch nicht so recht glauben, dass ich mich von meiner Uhr trennen soll.

Ein Jahrzehnt oder mehr hat sie mich begleitet und mir keinen Ausweg gelassen, wenn ich nicht wissen wollte, was die Stunde geschlagen hat. Pünktlichkeit ist nicht jedermanns Stärke, da sind die kleinen technischen Hilfen sehr nützlich. Aber dann blieb sie eines Morgens selber hinter der Zeit zurück. Aha, dachte ich, die Batterie! Aber es wird ja auch nicht jeder Patient geheilt, dem man im OP das betreffende Ersatzteil verpasst.

Ein paar Tage schenkte uns der neue Energie-Knopf die Illusion, es ginge alles weiter wie bisher. Aber bald ließ es sich nicht mehr übersehen: Meine Uhr war müde. Immer wieder versuchte sie zwar die alte Gangart, um doch bald wieder zu lahmen, als wären die Sekunden zentnerschwer und gar die Stunden- und Tagesanzeige einfach nicht zu schaffen.

Es ist wohl nur die Batterie, die sie künstlich ernährt, aber Sinn hat das so keinen mehr. Man müsste sie eben innen irgendwie richten. Aber der Uhrmacher schüttelt den Kopf. Das ist vom Erfinder nicht vorgesehen. Die durchsichtige Kunststoffhülle, die den feingliedrigen

Organismus umschließt, lässt sich nicht öffnen. Abgelaufen ist abgelaufen.

Das Endgültige: Wenn es so leicht wäre, sich damit abzufinden.

Am Wasser

Irgend etwas stimmt nicht. Oder lassen wir uns nur von unseren Uhren übertölpeln? Wo steht denn, dass die Zeit wirklich in diese immer gleichen, eiligen Abschnitte eingeteilt ist?

Wir waren wieder einmal ganz schön im Druck, und so war auch das vor Wochen vereinbarte Gespräch in einem Café am See zwischen andere Termine geraten und hatte sich aus einem Vergnügen in eine Pflicht verwandelt; und das, obwohl, ganz unerwartet nach dem Regen, das dunstversponnene Herbstlicht die Landschaft vergoldete. Schade! Man hat eben immer zu wenig Zeit. Aber allzu lang würde es wohl nicht dauern.

In der Hetze kamen wir ein wenig zu spät, aber unser Gesprächspartner war noch gar nicht da. Wir sahen ihn schließlich, wie er gemütlich durch die Anlagen schlenderte und immer wieder stehen blieb, um etwas zu bewundern: ein paar vergessene Rosenblüten am Weg, einen Schwan unter dem Weidenvorhang am Ufer. Merkwürdig, es war, als bringe er etwas von dieser schönen Langsamkeit mit an den Tisch.

Während wir unseren Tee tranken, und das gemeinsame Vorhaben im Hin und Her der Gedanken Form gewann, dachten wir nicht mehr daran, dass die Zeit verstrich. Aber dann kam auf einmal mit dem flacheren Licht Kühle von draußen. Rasch wollten wir aufbrechen, denn es war schon reichlich spät für die nächste Verabredung. Nein, sagte unser Partner lächelnd, nein, jetzt müssen wir erst noch ans Wasser. Ihr könnt doch nicht einfach wieder wegfahren, wenn der Dunst überm See zu leuchten anfängt.

Gewiss, wir hätten trotzdem fahren können, aber es war etwas in seiner Aufforderung, gegen das man nicht ankam. Langsam gingen wir hinüber zum Landesteg und über die vom Tau feuchten Planken hinaus zur Anlegestelle. Es war wunderbar still. Ein paar Möwen kreisten weit ins rosa sich verfärbende Nichts und nahmen die Gedanken mit. Wie ruhig man doch atmen kann, wenn die Fessel der Zeit abgefallen ist! Augenblicke wie ein Geschenk; und eine Ahnung von Freiheit.

Auf Rädern

Ihr Verhältnis ist nicht das beste. Manchmal gehen sie einander auf die Nerven. Radfahrer neigen dem Auto gegenüber zu einem gewissen Unterlegenheitsgefühl. Nicht nur, weil auch ein teures Velo oft weniger kostet, als die Reparatur einer kleinen Delle am vierrädrigen teuren Untersatz. Aber ein Mensch ohne Blech um sich herum spürt, wie verletzlich er ist. Wer radelt, lebt gefährlich. Auch mit Helm. Und da ist auch noch die ferne Erinnerung an den sozialen Unterschied.

Als Sportgerät hatte das Fahrrad vor hundert Jahren angefangen, aber dann war es zum Arme-Leute-Vehikel verkommen, und irgendwie fühlt man diesen Schatten immer noch, wenn man sich im Strom des Verkehrs an den lackglänzenden Limousinen vorbei strampelt. In solchen Minuten wächst freilich auch das Selbstgefühl. Man ist mit seinen zwei Beinen einfach schneller als die PS-Barone im Ampelstau. Und man ist beweglicher und hat keinen Parkplatzstress.

Genau das ist es, was Autofahrer in Rage bringt. Diese flitzenden Gestalten haben in ihrer Leichtigkeit etwas Insektenhaftes, und das ruft Abwehr hervor. Nicht, dass ein Angriff zu befürchten wäre. Aber Radler missachten offensichtlich jede Ordnung, und Ordnung muss sein. Trotzdem sollte man sich hüten, ihnen zu nah zu kommen, denn es könnte sein, dass auch der Staatsanwalt mit dem Rad ins Amt kommt. Und überhaupt das „Outfit"! Wie soll man denn, edel verpackt im neuesten Auto-Modell, auf andere Menschen Eindruck machen, wenn man in der Fahrzeugschlange dahinkriecht, und ein gestählter Körper in eng anliegenden Sonnenfarben rauscht nur so vorüber und stiehlt einem die Schau?

Was das Vorüberrauschen betrifft, so hat man als Radfahrer freilich auch andere Erlebnisse. Zum Beispiel, wenn man aus einer Nebenstraße nach links einbiegen will, und es gelingt einfach nicht. Sobald sich auf der einen Fahrbahn eine Lücke zeigt, füllt sich die andere wieder, und das in ständigem Wechsel, als hätten sie's verabredet. Ein endloses, zermürbendes Spiel. Aber auf einmal, es ist nicht zu fassen, ist die Straße wie leergefegt, und man hat freie Bahn. Es ist eben auf Rädern wie im Leben: Warten muss man können.

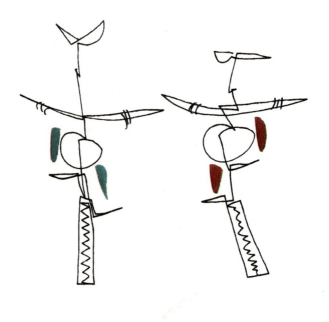

Advent: Was kommt

Feste muss man feste feiern. Weihnachten auch, und zwar jetzt bald. Die Angebote der Gastronomie, die Verpflichtungen im Betrieb, im Verein überschlagen sich, denn an Weihnachten ist man längst über alle Berge – oder zumindest in denselben. Wenn's wirklich nicht schneit, man hat ja Schneekanonen.

Was mussten wir nicht früher alles einkaufen fürs Festessen an den Feiertagen. Diese Sorge hat jetzt das ferne Hotel. Was allerdings auch Leuten ganz in unserer Nähe Sorgen macht. Man kann über das Weihnachtsgeschäft die Nase rümpfen, so viel man will: Die Händler und ihre Familien leben davon. Aber nur, so lang sie davon leben können. Wenn es nicht mehr reicht, zieht eines Tages wieder ein Reisebüro ins altvertraute Lebensmittelgeschäft. Denn wir reisen ja das Jahr hindurch auch gern zum Einkaufen, und wenn es nur auf die nächste grüne Wiese ist. Müssen wir uns da wundern, wenn dieser und jener Geschäftsinhaber keinen Nachfolger findet, weil Sohn oder Tochter keine Lust auf den Mehreinsatz haben, mit dem die Alten die Stellung noch halten?

Advent: Ein schönes altes Wort für das, was kommt. Dass das Kind in der Krippe unsere Sorgen in seine Hände nehmen wird, das bedeutete Advent einmal. Jetzt gibt es die

Weihnachtsbeleuchtung, den Weihnachtsmann von der Werbeagentur und den Ohrwurmsingsang. Aber die Kaufkraft, die einzige Kraft, die uns verblieben ist, fließt ab.

Sollten wir endgültig entschlossen sein, die Rolle von Ochs und Esel zu übernehmen?

Aussicht

Süchtig nach Farben sind wir, verliebt in leuchtende Blüten und pralle Früchte, in die glitzernde Weite des Sees. Darum mögen wir den Nebel nicht und das unentrinnbar drohende Novembergrau und loben diese letzten hellsichtigen Tage. Aber wenn der Blick jetzt von der Höhe über das grüne Vorland zum See streicht, über das gewohnte, hundertmal betrachtete Bild, dann ist es wie verwandelt.

Zwar ist noch alles da, die große, runde Kugel des Kastanienbaums, die Reihe der alten Apfelbäume entlang der Fahrstraße im Tal, die dichten Plantagenreihen, die das Auge in die Ferne ziehen, wo der Auwald beginnt. Und alles wäre wie immer, hätte nicht der Nachmittagsdunst seinen durchsichtigen Schleier in die Zwischenräume gelegt, dass alles Hochgewachsene auf einmal da steht wie aus Pappe geschnitten, schattenhafte Kulissen für das Spiel des Lichts.

Und du fragst dich, was wirklich ist. Die großartige Staffage vergangener föhnblauer Sonnentage? Oder dieses graugrüne, dunstversponnene Nichts, das entschwindet, indem es entsteht?

Besser?

Die Nachrichtentechnik macht's möglich: Irgendwo auf der Welt passiert jeden Tag etwas Schreckliches, und wir haben es pünktlich zum Abendessen auf dem Bildschirm. Gemütlich warm auf dem Sofa, Glas und Knabber in Griffnähe, können wir uns die bösen Bilder reinziehen und wieder einmal feststellen, dass wir wohl doch ein glücklicheres Los gezogen haben. Nur: Wieso eigentlich?

Da fällt mir eine ferne Sommererinnerung ein. Wir saßen auf einer Gartenterrasse in der Nachbarschaft einer übervollen Kirschenkrone und ließen uns zwischendurch die süßen Früchte schmecken. Und dann sagte einer, es sei ja wohl nicht zu übersehen, wie gut es uns gehe, verglichen mit dem Leben in anderen Gegenden der Welt. Das könne doch nur einen Grund haben: Wir seien wohl besser als die anderen; sprach's und lehnte sich zufrieden im Sessel zurück.

Ich glaube, wir haben ihn damals einfach ausgelacht. Das war alles nicht so wichtig. Aber was für eine Antwort hätten wir heute?

Energie

Sparen sollen wir sie. Als wenn das so einfach wäre. Es ist ja nicht nur das Auto, das Sprit verbraucht, oder der Bus oder das Flugzeug. Man hat uns längst beigebracht, wie man die eigene Energie sparen kann, indem man andere anzapft. An der Steckdose zum Beispiel. Oder am Schlepper. Baumschneiden ist eine Spielerei, seitdem der Motor die Muskelkraft liefert. Und wer mag sich denn anstrengen, wenn es auch anders geht?

Man muss es zahlen, nun ja, und das schmälert den Etat für andere Annehmlichkeiten. Aber den Rechnungen sieht man glücklicherweise nicht an, ob die Energie aus zwielichtigen Quellen kommt oder gefährliche Folgen hat. Hauptsache, es funktioniert.

Das verlangt man ja von uns auch, und über den Energieaufwand, der dafür nötig ist, redet niemand. Das fängt schon morgens beim Aufstehen an. Und ist man erst einmal aus dem Bett, dann nehmen die Ansprüche an unser Durchhaltevermögen kein Ende, und wenn es abends an der Bar ist. Müde sein gilt nicht, immer frisch und munter wird verlangt, flotte Sprüche und ein lachendes Gesicht. Dann muss es nur noch einen ganzen Monat aus endlos grauen Wolkenvorhängen regnen, und man fällt in sich zusammen und ist zu nichts mehr fähig.

Darum bin ich für Sonnenenergie. Verwandelt sich nicht die Welt, wenn die Sonne endlich wieder scheint? Die Wiesen, die Blumen, die Blüten strahlen vor Lust, und das steckt an. Alle Schwierigkeiten sind verschwunden, und es gibt auf einmal nur noch nette Leute. Auch wenn man gerade noch keine Zeit für die Sonne hat, weil man arbeiten muss. Man kann sich ja auf später freuen. Und Freude ist überhaupt die beste Energie.

Entscheidungen

Man muss auf alles gefasst sein. Zum Beispiel hatte ich neulich tatsächlich einen Fuß im Briefkasten. Nein, keinen richtigen, das wäre ja eine schreckliche Geschichte, aber eben doch einen Fuß, groß wie eine Kinderhand, alabasterweiß gebacken aus feinstem Kuchenteig. Wie wunderbar er duftet, das kann ich nur ahnen, denn er ist in Plastik verpackt. Ich verdanke die ungewöhnliche Post einer Freundin, die einen Ausflug vorschlagen wollte; zu Fuß, versteht sich, denn es folgte gerade ein strahlender Frühlingstag dem anderen. Eine gute Idee, das muss ich zugeben, wenn man sie auch schlichter hätte mitteilen können, per Fax zum Beispiel oder einfach per Telefon.

Denn die Nachricht ist das eine, der Fuß ist das andere. Schon zu Weihnachten fühle ich mich jedes Mal überfordert, wenn ich einen dieser hellbraun gebackenen Nikoläuse verspeisen soll und nicht weiß, soll ich mit den Armen oder mit den Beinen beginnen oder gar mit dem Kopf? Sind wir denn Kannibalen? Und ich denke schon mit einem gewissen Unbehagen an die unvermeidlichen Osterlämmer und Osterhasen in ein paar Wochen. Und jetzt dieser Fuß. Wenn ich ihn nur ansehe, kommt es mir vor, als läge mir Oskars wunderbar weiches Füßchen mit den winzigen Zehen in der Hand, warm und vertrauensvoll und ein wenig duftend nach Kinderseife. Aber wenn ich mich nicht entschließen kann, hineinzubeißen, dann muss ich den Fuß vertrocknen lassen, er wird Schimmel ansetzen und im Müll enden. Darf man das einem Kunstwerk antun? Ob ich es also doch lieber esse?

Wofür ich mich auch entscheide, es wird das Falsche sein. Manchmal ist das Leben ohne Ausweg.

Fasten

Es ist wieder so weit. Raucher sieht man ohne Zigarette, leidenschaftliche Rotweintrinker verweigern mit sanftem Kopfschütteln entsprechende Angebote, Steak-Liebhaber behaupten nachdrücklich, es hänge nicht mit BSE zusammen, wenn sie sich für Salat solo entschieden. Es ist eben Fastenzeit, und selbst die Bananen-Diät kann sich vorübergehend mit dem Glorienschein des Besonderen umgeben. Man fastet.

Nachdem das Narrenhäs in der Reinigung ist, macht es sich gut, sich für ein paar Wochen das altertümliche, aber doch sehr kleidsame Mäntelchen des Verzichts um die Schultern zu hängen. Wenn man auch sonst mit der Institution, die früher einmal Fasten vorschrieb, oder mit anderen philosophischen Ordnungen nicht viel am Hut hat. Aber Fasten ist eben „in", und der Nutzen ist nicht zu übersehen.

Man wird endlich ein paar überflüssige Pfunde los, Entschlackung entlastet den Kreislauf, weniger Alkohol die Leber, der Lunge ist wohler ohne Nikotin, und das eigene Image wird auch noch aufgewertet. Vorteile über Vorteile. Also fasten wir. Fast.

Fernmündlich

Es war ein wunderschöner Morgen, alles war ein wenig von Hoffnung überstrahlt, auch das Klingeln des Telefons. Sie hatte eine angenehme Stimme und den gewinnenden Tonfall einer guten Sekretärin. Aus Heidelberg rufe sie an, sagte sie, und zwar aus dem Hause Sowieso – den Namen verstand ich nicht ganz – und das sei mir als Weinkennerin ja sicher ein Begriff … Alles Weitere verhinderte meine barsche Frage, ob sie mir etwa Wein verkaufen wolle. Der Abschied war kurz: „Fehlanzeige!" sagte ich und legte den Hörer auf. So eine Unverschämtheit, dachte ich zunächst, sich nach dem Telefonbuch mögliche Kunden aussuchen und sie einfach zu Hause überfallen! Eine Dummheit außerdem, dachte ich dann. Als ob man ausgerechnet in Sachen Wein fernmündlich – statt, wie es üblich ist, nach ausgiebiger mündlicher Probe oder wenigstens mit dem Blick auf ein fachgerechtes Etikett – disponieren könnte! So praktisch Telefonieren ist, dachte ich, man ist ausgeliefert. Keine Tür hält Leute auf, die uns zur Unzeit irgendetwas anbieten wollen, was wir gar nicht brauchen.

Andererseits: Muss man eigentlich wirklich bei jedem Klingeln abnehmen? Man muss. Es könnte ja etwas Wichtiges sein. Oder sogar etwas Schönes!

Gelb

Denken wir nicht an die Aktie und überhaupt nicht an die Post, obwohl ja das Gelb so ziemlich die einzige Tradition ist, die Post-Manager nicht in Frage stellen. Wenn in diesen Wochen von Gelb die Rede ist, dann haben wir jene Frühlingsblume vor Augen, die eigentlich gar keine Blume ist, sondern ein Unkraut; weil sie häufig stört, auf Gartenwegen zum Beispiel oder im Rasen. Aber auf den Wiesen hat der Löwenzahn immer noch unbestritten sein Reich. Tausendfach gelb überstrahlt er das Grün, eine richtige Sonnen-Blume. Und ein Wunder, denn der eine Blütenstand fasst wie ein Körbchen zahllose winzige Blüten zusammen. Wenn es auf den Sommer zugeht, wird daraus die Pusteblume mit lauter zarten, weißen Sternen und ein Kinderspaß. Wenig verheißt mehr Gesundheit im Frühling, als der Löwenzahn. Ob man es auf der Leber hat, an den Nieren oder im Kreuz, ob Rheuma zwickt oder ein Gallenstein: Löwenzahntee wirkt Wunder, man braucht nur Geduld und eben die frischen, gezackten Blätter aus der Rosette.

Das ist nun freilich alles nicht mehr so lustig, seitdem die Agrarchemie auf den Wiesen Einzug gehalten hat, von der vielen Gülle ganz abgesehen. Mich geht das glücklicherweise nichts an, derlei Zubrot bekommt meine Wiese nicht, und deshalb kann ich auch unbesorgt jedes Frühjahr in Löwenzahnblättern schwelgen, eine Köstlichkeit als erster frischer Salat oder klein geschnitten im Quark.

Leider ist das nun auch alles Vergangenheit. Ein Nachbar hat mir dieses Jahr im März von den Füchsen, die neuerdings ohne Scheu bei uns herumstreifen, erzählt, und vom Fuchsbandwurm. Das hat sich sehr auf meinen Appetit geschlagen. Es sind eben nicht alle Neuerungen das Gelbe vom Ei.

Größe

Es ging um Karotten. Wir standen an der Gemüsetheke im Supermarkt, und während ich ganz ungewöhnlich dicke und lange gelbe Rüben in meine Tüte füllte, schwärmte die Frau neben mir von wunderbar frischen kleinen Rübchen mit grünen Büscheln Blattwerk, die sie kürzlich hier gekauft und zum Vergnügen der Familie zubereretet hatte; so könnten meine Dicken einfach nicht schmecken; das Missfallen der Dame hinsichtlich meines Einkaufs war nicht zu überhören. Dass ich nichts erwiderte, hatte Gründe. Ich bin auf derlei Auseinandersetzungen in der Öffentlichkeit nicht erpicht, aber vor allem: Ich hätte eigentlich zugeben müssen, dass ich der gleichen Meinung war. In Wahrheit kaufte ich das großkalibrige Gemüse nur, weil es sich viel einfacher putzen ließ, und ich stehe nicht gern so lang in der Küche.

Da sieht man wieder einmal, wie manipulierbar der Mensch ist. Aus purer Bequemlichkeit ist man bereit, seine edelsten Empfindungen – und dazu gehört sicher der Wohlgeschmack eines guten Essens – hintan zu stellen. Nun waren meine Superdinger allerdings durchaus essbar, Butter und Petersilie tun ein Übriges, aber die feine Küche stellt andere Ansprüche. Man muss sich eben immer entscheiden, wie viel man in eine Sache investieren und wofür man seine Zeit verwenden will. Oder könnte es sein, dass ich mir die Furcht vor dem langen Karottenschälen nur einrede, um nicht zugeben zu müssen, dass es die schiere Größe ist, die mich anzieht? Niemand kann sich den Moden der Zeit wirklich entziehen, auch ich nicht, und über uns allen schwebt doch wie ein geheiligter Codex das Guinnessbuch der Rekorde.

Die deutsche Sprache ist in diesem Punkt ungenau, sie ist geradezu darauf aus, die Wirklichkeit zu verschleiern. Wo das Englische zwischen „big" und „great" unterscheidet, ist bei uns einfach alles groß, die Karotten genau so wie die Erfindung der Raumfahrt. Das erleichtert den Umgang mit den globalen Zusammenschlüssen von Firmen, die uns jeden Tag zum Frühstück serviert werden, größer und immer noch größer – oder doch eine Art Größenwahn? Neulich wollte ich mir Rosen kaufen und griff einen Bund aus den vielen Sträußen, weil es meine Lieblingsfarbe war, weiß mit einem Hauch von Rosa. Dann sah ich erst, wie riesig die Blüten waren, doppelt so groß wie normal. Und das sollte schön sein? Andererseits, das musste ich zugeben, hatten diese Rosen viel vom Zauber ursprünglicher Kraft und nicht dieses gestanzte Ebenmaß mancher Treibhaussorten. Nein, ich stellte sie nicht zurück, ich nahm sie mit. Und jetzt bin ich gespannt, ob es vielleicht doch etwas Großes gibt, das auch groß ist.

Im Nebel

Wir wollen nach so viel strahlender Herbstsonne nicht klagen. Aber müssen wir deshalb die unfreundlichen Gewohnheiten des beginnenden Winters klaglos über uns ergehen lassen? Schlimm genug, dass weder die Regierung, die sich ja sonst in alles einmischt, noch die Wissenschaft mit ihren tausend Tricks etwas dagegen tut. Also tastet man sich weiter in Dämmerlicht und Dunkel die kurvigen Straßen entlang, Kilometer um Kilometer durch das graue Nichts, das eine Auge in den Nebel, das andere auf den Tacho gerichtet: Man könnte ja zu langsam werden, die Zeit ist knapp, die Tage werden kürzer.

Andererseits, wenn es einem gelänge, den drängelnden inneren Motor dann und wann abzuschalten, würde man vielleicht Überraschendes bemerken. Zum Beispiel, dass Nebel schön sein kann, eine Art Weichzeichner, der die gewohnten Bilder von Häusern und Bäumen und Hang und Tal in eine neue Perspektive rückt. Auf einmal hätten wir wieder Augen für das Naheliegende, könnten den großen Anspruch des Globalen für eine entspannte Weile vergessen. Nebel!

Sich forttragen lassen aus der Welt der scharfen Konturen ins wunderbar Ungewisse. Was für Möglichkeiten!

Im Schloss

Es liegt wohl am alltäglichen Umgang mit Schlössern, dass niemand fragt, was das Wort eigentlich heißt. In einer Zeit, in der ein missverstandener Freiheitsbegriff immer öfter zur Verwechslung von Mein und Dein führt, muss man einfach alles ein-, zu oder abschließen, ob es nun hilft oder nicht. Meist mit klitzekleinen, raffinierten Schlössern. Und tatsächlich, das gewaltige Gebäude am Rand der Stadt, das die ganze Landschaft beherrscht, heißt auch Schloss! Vor sieben- oder achthundert Jahren war zum ersten Mal von Schlössern die Rede, als die Ritter eine Ahnung von dem entwickelten, was wir heute Lebensqualität nennen, und anfingen, ihre Felsennester mit ein wenig Komfort auszustatten. Kostbares schließt man ein, das war schon damals so, und auf einmal wurde die Burg zum Schloss.

Die Zeiten haben sich geändert, es ist unser Schloss. Wenn man einmal absieht vom Amtsgericht, das Delinquenten manchmal von hier aus hinter Schloss und Riegel bringt, und vom Schulamt, dessen segensreiche Tätigkeit auch oft missverstanden wird (wie die Freiheit), gehen wir mit Vergnügen im Schloss ein und aus. Gerade jetzt beim Barock-Festival jagt ein Anlass den anderen: Führungen, Konzerte, Vorträge, sogar Kaffee trinken kann man unter den mächtigen Gewölben mit Blick in die Seelandschaft. Dass alles so schön, so präch-

tig ist, verdanken wir auch uns selber, Steuerzahler, die wir sind und ständig die Kassen füllen, aus denen auch die große Schlossrenovierung in den 70er Jahren bezahlt worden ist. Ziemlich genau 200 Jahre übrigens nach dem die Montforter pleite waren. Ist das nicht Grund für bürgerliches Hochgefühl?

Andererseits, verdienen die Grafen nicht Bewunderung, auch oder gerade heute? Wenn man bedenkt, dass dieses Schloss vor 250 Jahren ganz ohne moderne Technik gebaut worden ist, und man unsere Argenbrücke bei Gießen nach 50 Jahren wegen Baufälligkeit abgerissen hat, dann spricht das nicht gerade für heutige Überlegenheit. Außerdem: Ist das Schloss nicht einfach schön? Und warum? Weil man damals nicht nur an die Nützlichkeit eines Gebäudes gedacht hat. Schönheit war der Anspruch, eine Augenweide sollte es sein, außen und innen. Zum Schönen gehörte das Geheimnisvolle. Voller Rätsel sind die Bilder, ist der Stuck im Schloss, und darum beschäftigen sie unsere Fantasie. Sind wir nicht arm, wenn wir meinen, dass wir alles beim Namen nennen müssen? Arm, weil wir nichts Heimliches mehr dulden, das zu verschließen sich lohnt?

Im Überfluss

Schön sind sie nicht, die dunklen, matt glänzenden Klumpen, aber wenn die ersten am flachen Ende meines Teichs zu sehen sind, dann hält nichts mehr den Frühling auf, mag es auch stürmen und schneien. Vor einer Woche schon überraschte ich einen Frosch, der sich auf einem der runden Steine am Ufer in der Sonne räkelte. Als er Gefahr spürte, ließ er sich mit einem gewaltigen Satz ins Wasser plumpsen und kam den ganzen Nachmittag nicht mehr zum Vorschein. Er war nicht allein. Tage später schon tummelte sich eine ganze Froschgesellschaft dort, wo die gelben Iris sprossen, und bald begann der Laich sich auszubreiten, sichtbares Ergebnis der Frühlingsspiele einer Spezies, die Fortpflanzungskräfte im Überfluss besitzt.

Dem aufmerksamen Zeitungsleser von heute fallen bei diesem Thema die Errungenschaften der Genforschung ein. Das Klonen zum Beispiel. Wer hätte gedacht, dass es je gelingen könnte, den Fortbestand unserer Gattung einmal ohne die uralten und nicht unbedingt unerfreulichen Bräuche zu sichern? Und es heißt, der Umweg durchs Labor werde schon bald der einzige Ausweg sein, weil uns im Überfluss ein paar wichtige Fähigkeiten abhanden zu kommen drohen. Was machen wir nur falsch? Man müsste vielleicht die Frösche fragen.

Kernfragen

Es kommt immer auf das Wesentliche an. Das Wesentliche ist der Umsatz, und deshalb ist nichts so wichtig wie das Marketing. Das große Beispiel, wie man eine ungenießbare Sache zu einem Schlager macht, gibt uns zur Zeit — früher als in anderen Jahren — die Natur. Die Kirschbäume, wie alles, was um uns wächst, sind in diesen Wochen zwischen Frühling und Sommer einzig darauf bedacht, für Nachwuchs zu sorgen. Massenhaft produzieren sie Samen und verschließen sie sicherheitshalber in eine kleine Holzkugel. Unverdauliches Zeug, kein Star und keine Amsel würde so etwas in den Schnabel nehmen.

Und da zeigt sich, was ja auch die Schokoladenindustrie längst weiß: Die Verpackung ist das Wichtigste! Da sind nun die Kirschbäume den Pralinenfabrikanten weit voraus. Sie umhüllen den Kern mit wunderbar prallem, saftigem roten Fleisch, das uns, süß und würzig zugleich, auf der Zunge zergeht. Man bekommt nie genug davon, man wird süchtig, und das geht eben auch den Vögeln so. Sie schlemmen Verpackung. Den Kern der Sache lassen sie einfach irgendwo fallen, was durchaus im Sinne des Erfinders ist. Die Natur strebt sozusagen die Umkehrung der Aktion gelber Sack an, damit der Kirschennachwuchs sich weit verbreitet; notfalls sogar mitten in unserem Rasen.

Bei uns Menschen herrscht Ordnung. Wir sammeln die Kerne auf einem Teller oder doch mindestens in der hohlen Hand. Allerdings habe ich noch aus Kinderzeiten in Erinnerung, dass Kirschkerne sich gut dazu eignen, Wettbewerbe im Weitspucken auszutragen. Und da darf schließlich eine spezielle Technik nicht unerwähnt bleiben, der ein Achtungserfolg fast immer sicher ist.

Man sammelt während dem Kirschenessen die Kerne im Mund und spuckt sie dann — zehn oder zwölf oder noch mehr salvenartig in die Gegend. Ich schließe nicht aus, dass Hausfrauen da eher kritisch reagieren. Die Bewunderung jedoch, die der noch übende Sohn dem profihaft spuckenden Vater entgegenbringt, kann eine Brücke schlagen über den Graben zwischen den Generationen.

Laute

Man hat das sanfte, birnenförmige Saiteninstrument aus Arabien, die Laute, fast vergessen, dafür bedrängt uns das Laute auf Schritt und Tritt. Aber es gibt auch die leisen Laute, die uns als eine Art Solo aus der Stille erreichen. Nicht immer zur Freude. So hat man, wenn es auf den Sommer zugeht, selbst im Schlaf ein sensibles Ohr für jenes gefürchtete, feine Summen, mit dem die Schnaken auf sich aufmerksam machen, wenn es zu spät ist, das Fenster zu schließen. Und im Aufwachen, während man überlegt, wie man sich wehren könnte, wünscht man sich für einen Augenblick nach Italien, und dass es nicht Schnaken, sondern die prallen Laute tanzender Grillen wären. Wie angenehm hört sich da doch ein sanfter Regen an, der leise sein Schlaflied auf Dächer und Bäume trommelt, der wiegende Laut, der alles Laute vergessen lässt. Gute Nacht! Von fern nur, glücklicherweise, tönt irgendwann jenes Horn durch die Dunkelheit, das nicht nach dem hilfreichen hl. Martin benannt ist, sondern nach einem Signalhersteller gleichen Namens. Aber Hilfe kündigt es immerhin an, und dass es so laut ist, mag vielleicht die Wartenden trösten. Oder sagt da nur einer, der Dienst hat, mit seinen schrillen Tönen den Schlafmützen in ihren Betten, was Sache ist?

Lust klingt anders. Vor Tag noch, wenn die Erde schon ahnt, dass die Sonne wieder aufgehen wird, singen die Amseln ihre ersten Lieder, perlende Tonfolgen aus lauter Lebensfreude, und man fragt sich, woher so eine Handvoll Kreatur die Kraft nimmt für dieses Stimmvolumen. Vermutlich einfach aus der Lust am Dasein.

Ein schöner Gedanke zum Wiedereinschlafen. Oder auch für einen neuen Tag?

Live

Ob man stolz sein darf oder soll oder nicht, ein Deutscher zu sein, darüber streiten sich Politiker. Einig sind sie sich aber in einem Punkt: Ausländer, die bei uns leben und arbeiten wollen, müssen unsere Sprache sprechen. Wenn sie Deutsch noch nicht können, dann müssen sie es lernen. Das ist vernünftig, denn Eingliederung setzt Verstehen voraus, und Verstehen erwächst beim Austausch von Gedanken. Und die Währung, in der man Gedanken tauscht, ist die Sprache. Wer bei uns Heimat finden will, dem muss man die Mühe abverlangen, Deutsch zu lernen.

Wenn diese Forderung ehrlich gemeint und nicht nur subtiler Ausdruck eines Machtspiels ist, wäre wohl Voraussetzung, dass uns selber die Sprache wichtig ist als ein Teil unserer Identität. Aber davon ist wohl längst nicht mehr die Rede. Das Frühlingsfest zum 1. Mai, das noch im letzten Jahr mit einer Freinacht verbunden war, lockt jetzt als „Live Night" in Straßen und Beizen. „Liveact" winkt, mit asiatischem „Feeling" sogar, und wer beim „After Midnight Liveact" noch dabei ist, erlebt eine „Crew" im intensiven „Colour Change", einfach „groovy"! Das kostet mehr, als die Eintrittsgelder einspielen, aber wir können beruhigt sein: Elf Firmen haben im Prospekt ihr Zeichen unter der Überschrift „Powered by" versammelt. Übrigens ist auch das Felchenterzett dabei; ein Name, der sich schlecht übersetzen lässt, weshalb es sich wenigstens mit schwäbischem „Understatement" empfiehlt. So einfach nur auf Deutsch, das wäre ja altmodisch und vermutlich „mega out".

Nächste Woche, wenn sich die neuen Stadtbusse vorstellen, ist auch alles „up to date". Zur Schlüsselübergabe gibt es zwar noch einen Fallschirmsprung, aber danach erfreut uns „Bungee Jumping" und sogar „Bull riding", garantiert BSE-frei.

Tettnang hat was. Kürzlich gab's beim Städtlesmarkt sogar was für „Kids". Und natürlich live.

Marktwirtschaft

Autos dürfen nicht, aber Leute, sie sind sogar erwünscht. Und ein, zwei Stunden lang am Samstagvormittag wirkt das runde, rot umrandete Sperrschild am Balken neben dem Kronenbrunnen wie ein Magnet. Man bummelt durchs Tor, es zieht einen auf den Markt.

Sechs Tage lang war die Montfortstraße ein einziger Parkplatz, rechts und links voll Blech, mit einer Übungspur für Ein- und Ausparker dazwischen. Für die Fußgänger ist das nicht so lustig. Aber jetzt, am siebten Tag, ist für eine kurze Weile hier autofreie Zone. Händler und Bauern haben rechts und links ihre Stände aufgeschlagen, bieten Felchen feil und Hefezopf, Schinkenwurst und Grabgestecke, Äpfel, Eier, Nüsse, warme Socken. Und während sonst die Autos den ganzen Tag über keinen Zentimeter frei lassen, gibt es jetzt Lücken, an denen man sehen kann, was für eine schmucke Straße das eigentlich wäre, wenn …! Dass der Markt Lücken hat, auch im Angebot, man nimmt es in Kauf. So wichtig ist das nicht. Das meiste hat man ohnehin zu Hause, und man freut sich über die kleinen Entdeckungen beim Bummeln, die spontanen Einkäufe, die den eingefahrenen Speiseplan angenehm verändern.

Was zählt, ist die Marktwirtschaft. Es sind die kleinen runden Tische unter den hellen

Sonnenschirmen ganz dicht an der Straße. Da wird Espresso serviert, Bier, Eis mit Schirmchen, ein G'spritzter mit oder ohne Alkohol. Und da trifft man Leute, da ist ein Kommen und Gehen, ganz formlos geht es zu, und jeder hat Zeit, ein Viertelstündchen genüsslich zu verplaudern. Ein Markt sollte eben bieten, was man braucht. Und was brauchen wir in dieser schnöden Welt, die im Begriff ist, uns mit den Segnungen des E-Commerce immer einsamer zu machen?

Menschen brauchen wir, Gesichter, Hände wenigstens um den anderen ein Hallo zuzuwinken. Leider will die Marktwirtschaft demnächst schließen. Den Wirt zieht's nach Süden. Aber wir frieren doch auch.

Programmiert

Lärm auf der Terrasse holt mich aus meinen Gedanken. Eine Amsel schießt draußen aufgeregt hin und her und her und hin und streift dabei mit den Flügeln immer wieder an Wand und Fenster. Sie muss den Verstand verloren haben. Zwischendurch dreht sie ein paar Runden im Freien, aber sie kommt wieder zurück, und jetzt sehe ich, dass ihr Interesse einem ausklappbaren Beschlag für Kleiderbügel gilt. Prüft sie etwa seine Eignung als Fixpunkt für ein Nest? Das wäre jetzt im Frühling die einfachste Erklärung für ihren Leichtsinn. Sonst sind die braunen geflügelten Damen doch die Vorsicht selbst.

Aber die Programmierung ändert sich offenbar, so bald jene Umstände eintreten, die Nachwuchs erwarten lassen. Jetzt geht es nicht mehr um die eigene Sicherheit, jetzt geht es um Zeit. Das Nest muss fertig sein, wenn die Eier kommen, koste es, was es wolle. Bei den Amseln scheint also die alte Vermutung noch zuzutreffen, wonach Liebe blind macht. Und dass die Karriere vor den Kindern rangiert, hat sich bis zu ihnen wohl auch noch nicht herumgesprochen.

Schläfriges

Ich möchte einmal wissen, wem die Sache mit dem Schlaf des Gerechten eingefallen ist. In der Bibel steht nichts davon, behauptet jedenfalls die einschlägige Literatur. Vermutlich war es irgendeine Schlafmütze, die ihre eigene Faulheit mit dem Hinweis auf das gute Gewissen bemänteln wollte, das ja – schon wieder so ein Sprichwort ein sanftes Ruhekissen sein soll. Ich will letzteres gar nicht bestreiten, ich wehre mich nur gegen den Umkehrschluss, wonach, wen der Schlaf meidet, nicht zu den Gerechten zu zählen wäre. Einmal ganz abgesehen davon, dass sich ja auch die Selbstgerechten den Gerechten zurechnen: Gibt es nicht hundert Gründe, die einen Menschen um den Schlaf bringen können?

Es müssen gar nicht die Gaukler sein und ihr fröhliches Publikum, die nächtens durchs Städtle streifen, oder die nicht endende sommerliche Geburtstagsparty, deren akustischer Abfall auf einer Welle von Grillwürstchenduft daherkommt. Manchmal genügt der Mond, sobald er sich der vollen Rundung nähert und vom taghellen Himmel aus Häuser und Bäume und die Rosenrabatte in silbernes Licht taucht. Und nicht einmal das: Der Föhn kann's auch, und wie! Sobald der Südwind über den See streicht, und der Säntis steht über der Landschaft als wäre er der Hausberg von Langenargen, bleibt es sich für wetterfühlige Leute gleich, ob sie es auf der linken oder auf der rechten Seite versuchen, es gelingt nicht. Und was macht der Mensch dann? Er tut, wozu man im täglichen Wettlauf viel zu wenig oder gar nicht kommt: Er denkt, er denkt nach. Aber leider verschieben sich aus der Bettperspektive die Größenverhältnisse, ein unlösbares Problem sucht das andere, bis man nicht mehr ein und aus weiß und den Mond und den Föhn gar nicht mehr braucht, um schlaflos dazuliegen, während die Stunden verrinnen.

Aber dann wacht man auf einmal auf. Schritte kommen aus der Stille. Die Lampe am Eingang wird hell, ein metallischer Klappton wiederholt sich. Es ist die Zeitungsfrau, die ihren Packen Neuigkeiten in die Briefkästen schiebt. Ist es drei? Ist es vier? Man muss es gar nicht wissen. Das Bewusstsein genügt, dass da ein Mensch mitten in der Nacht für andere unterwegs ist. Um seine Brötchen zu verdienen, gewiss, aber ein bisschen doch auch für uns.

Und während man liegt und wartet, ob die Dämmerung nicht schon bald die erste Amsel wecken wird, ist man schon wieder eingeschlafen. Ein Kinderspiel.

Schokolade

Sie gehört zu den paar schönen Sachen, die verboten sind, weil sie entweder unmoralisch sind oder dick machen. Aber das ist auch so ein „alte-Leute-Spruch", den Junge vielleicht gar nicht mehr verstehen. Unmoralisch, was ist das denn? Und dick? Na, und?!

Früher, als Leute wie ich noch jung waren, stand Schokolade für einen Traum. Weil sie so kostbar war, zerging sie einem noch süßer und zarter auf der Zunge. Ein Hauch von Luxus umgab sie, etwas vom Duft der Schweiz, fast wie beim Kaffee. Und für die Kinder war sie mehr als ein begehrtes Mitbringsel, eine Tafel Schokolade war wie ein Glücksversprechen. Daran erinnert sich der Häfler Bürger, der dann und wann großzügig in die Tasche greift, um Tausende Schokoladetafeln zu verschenken: Kindern in Weißrussland zu Weihnachten, in seiner Vaterstadt zum Jubiläum, vor kurzem in Friedrichshafen zum Geburtstag der Zeppeline. Im fernen Polozk ist die Schokoladewelt noch in Ordnung, die Freude der Kinder gleicht noch jener, die der Geber aus eigenen Kindertagen in Erinnerung hat. Und sicher gibt es auch Häfler Kinder, die sich wirklich gefreut haben.

Die überwiegende Reaktion aber war Kopfschütteln. So viel Geld für Schokolade? „Die Tafeln stapeln sich doch bei uns im

Kinderzimmer", seufzt die Mama, und es fällt ihr schwer, den Sprösslingen zu erklären, warum sie nun noch eine Tafel vom Kindergarten mit nach Hause bringen. Irgend etwas stimmt da wohl nicht mehr. Nicht über den Geber und seine Beweggründe sollten wir uns Gedanken machen, sondern über uns selbst.

Könnte es sein, dass wir auf der Schokoladenseite des Lebens im Begriff sind, die Maßstäbe zu verlieren?

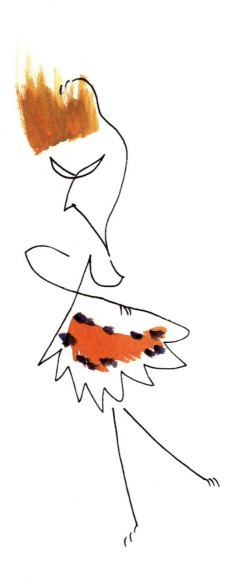

Seidelbast

Haben wir uns nicht längst darauf geeinigt, dass diese Welt eine triste Sache ist, dass man sie eigentlich nur Grau in Grau darstellen kann, will man ihrem Wesen und unserer Stimmung Ausdruck geben? Weiß der Himmel, was Künstler früher dazu veranlasst hat, Landschaften im Sonnenlicht zu malen, aus Holz oder Stein wie schwebend schöne Figuren zu formen und sie in leuchtende Farben zu fassen? Wer einmal begriffen hat, wie die Welt wirklich ist, nur darauf angelegt, zu zerstören, wie jeder jeden hintergeht, wie einem alles zwischen den Fingern zerrinnt, dem kann man nichts mehr vormachen. Ist es denn verwunderlich, dass, wer gestalten will, zwangsläufig anfängt, die Dinge auseinander zu nehmen, um uns zu zeigen, dass sie leer sind, hässlich, ohne Sinn?

Aber dann entdeckte ich neulich am Zaun meines Gartens den blühenden Seidelbast. Um ihn herum war alles noch braun vom heruntergefallenen Laub aus dem letzten Herbst, die Bäume am Hang griffen noch mit dem Geäst ihrer kahlen Kronen ins Licht, aber der Seidelbast streckte seine Zweige, übersät mit zahllosen violetten Blüten voll Zuversicht in die laue Luft, als wollte er sagen: „Sieh mich an, ich bin wieder da!" Und er war nicht allein. Drüben unter den Buchen schimmerte es gelb und weiß von Osterglocken und

Narzissen, und als ich hinüber ging, sah ich im ersten frischen Grün die Sterne der nachtblauen Szilla und sogar schon ein paar lila Veilchen!

Frühling! Ich setzte mich auf eine Bank, ich breitete die Arme über die Rückenlehne und atmete den Duft von Erde und Gras und den Bittermandelgeruch der rosa Schneeballblüten. Frühling! Was ist das nur für ein wunderbares Gefühl, das uns jedes Jahr aufs neue erfasst! Niemand kann sich ausschließen. Irgendwie sind wir alle glücklich oder doch ein klein wenig näher an dem Traum vom Glücklichsein. Und wir haben Augen für die Schönheit, die uns umgibt, für Gras und Blumen, für den ersten Schmetterling und für die weißen Wolkenberge im Blau. Und wir tadeln unsere Gedanken nicht, wenn sie mit den kühnsten Vorstellungen des Glücks spielen wie mit Bällen. Frühling!

Wie war das noch: Die Welt eine triste Sache? Alles Grau in Grau? Sollte uns da der Winter einen Streich gespielt und uns blind gemacht haben für die Wirklichkeit? Oder ist, was wir jetzt vor Augen sehen, nicht mehr als ein böses Gaukelspiel, das uns am Ende wieder in die große Verneinung fallen lässt? Ich weiß es nicht. Aber das weiß ich: Der Seidelbast verblüht wie alles ringsum, und die prallen roten Beeren, die er uns dann hinhält, sind voller Gift. Man muss auf der Hut sein.

Stille

Das hat es wohl einmal gegeben, aber vor sehr langer Zeit. Man saß irgendwo am Waldrand auf einer der Hügelkuppen mit dem weiten Blick auf den See, und wenn der Wind von Westen kam, ein leiser Wind freilich, wie ein Atem nur, dann konnte man die Argen rauschen hören. Manchmal frage ich mich allerdings, ob ich mich wirklich daran erinnere, oder ob sich da nicht nur die Sehnsucht nach dem Unwiederbringlichen ein Bild gesucht hat.

Aber eine andere Erinnerung täuscht mich nicht. Es ist früher Morgen, das Gras ist feucht vom Tau, wir mähen zu zweit den Wiesenhang vom Apfelbaum abwärts, Schwung für Schwung fügt sich der Klang des Sensenschnitts wie zu einem Tanz mit tiefen Tönen, immer wieder unterbrochen vom Stakkato des Wetzsteins auf dem blanken Stahl. Und darüber, frisch wie die blaue Luft, wölben die Vögel ihren Himmel aus Gegirr und Gezwitscher. Wie lang ist das her?

Die Meisen und die Amseln und die Grasmücken kann man zwar immer noch hören, aber nicht wenn gemäht wird, denn das ist längst ein ohrenbetäubendes, ruheloses Geschäft; ein schnelles, gewiss, aber der Preis für die Geschwindigkeit ist der Lärm. Verlieren wir das Stille, weil wir es so eilig haben?

Noch immer trägt der Wind das Rauschen zu mir an meinen Waldrand herauf, aber es kommt nicht vom Argenwasser, das glitzernd über die Steine springt, es kommt von den endlosen Autoschlangen dort unten auf den Bundesstraßen, und es hört eigentlich nie auf, ein konturloser Kontrabass, nur manchmal jäh vom Tatütata eines Rettungswagens übertönt. Und jetzt in der Kirschenzeit mischen sich lautstark Gedudel und Geschwätz aus dem Radio dazwischen, das ein Nachbar in die Baumkrone gehängt hat. Er sagt, das vertreibe die kirschensüchtigen Vögel, aber ich glaube eher, dass es ihm die Langeweile beim Pflücken vertreiben soll. Da genügt es nicht, wenn der Specht hoch oben im Birnbaum beim Larvensuchen seinen Rhythmus klopft.

Für den Augenblick wird das alles freilich übertönt von der Stimmgewalt aus einem hungrigen Schreihals. Der Winzling ist aufgewacht. Nahrung will er und Nähe. Rätselhaft, wie aus diesem bisschen Mensch soviel Phon herauskommen können. Die Mutter öffnet ihre Bluse und nimmt ihn an die Brust, und auf einmal ist alles still. Sie stillt ihn.

Eine wunderbare Möglichkeit, die sich leider auf keine der anderen Zerstörer der Stille anwenden lässt.

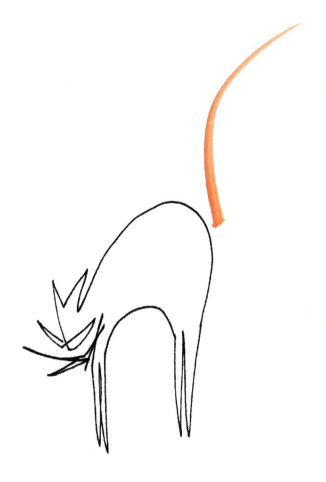

Tierisch

Der freundliche Herr auf dem Bildschirm, der uns vor dem Schlafengehen noch die letzten Skandale präsentiert, schließt oft mit einem hintersinnig ironischen Hinweis auf allgemein Menschliches. Vor kurzem lieferten ihm dazu die norwegischen Wölfe Stoff, die wegen ihres Appetits auf Schaf- oder Lammfleisch nun von den dortigen Schafhaltern gejagt und umgebracht werden. Was den Tierschützern offenbar mehr missfällt, als das Reissen der Schafe. Man sah es dem Gesicht des Berichterstatters an, dass ihm da seine vorschriftsmäßige Ausgewogenheit ein wenig gegen den Strich ging. Es war kein Zweifel, sein Herz schlug für die Schafe.

Dass sein Verständnis für den Tierschutz Grenzen hat, war vor allem seinem abschließenden Hinweis an die heimischen Autofahrer anzuhören. Infolge des zeitigen Frühlings seien da und dort bereits die Kröten unterwegs zu ihren Laichplätzen. In Scharen überqueren sie die Fahrbahnen, Rücksicht sei dringend geboten. Fuß vom Gas wegen ein paar Kröten: Muss ein Mensch sich das wirklich zumuten lassen?

Neuerdings lässt sich diese Frage nicht mehr ganz so einfach beantworten. Wir wissen ja nun, dass wir uns genetisch nur geringfügig von Fruchtfliegen und Regenwürmern und vermutlich auch Kröten unterscheiden. Bringt am Ende die Genforschung noch die ganz bewährte Rangfolge ins Wanken?

Viren

Es wird ja bekanntlich alles besser, schöner, effektiver. Wenn sich diese stolze Erkenntnis modernen Lebens auch dann und wann hinter unzeitgemäßen Misslichkeiten verbirgt, mein Husten, das kann ich beschwören, ist ausdauernder, als je einer zuvor. Vor zwei Wochen war es, als hätte er mich nach einer eher mühsamen gemeinsamen Zeit wieder verlassen, aber es zeigte sich bald, dass er zumindest eine unserer abgelegten Sekundärtugenden hochhält: das Durchhalten. Irgendwo am Rand der Luftröhre fand er ein warmes Plätzchen, um neue Kräfte zu sammeln, und dann beflügelte ihn wohl der nächste Föhn zu einem weiteren grandiosen Auftritt.

Thymiantee, sagte ein mitfühlender Nachbar, Efeusaft riet ein anderer, vom segensreichen isländischen Moos schwärmte ein dritter. Der Apotheker wird sich freuen. Vitamine müssen ja auch sein. Und ich werde mich hüten, ihm was zu husten.

Es sind Viren, die uns das zweifelhafte Hustenvergnügen verschaffen. In der Zeitung steht, sie nähmen an Zahl zu und leider auch an Arten. Aber niemand weiß, wieso. Könnte es vielleicht mit der großen E-Revolution zusammenhängen, die wir zur Zeit erleben? Alles geht ja inzwischen übers Internet, und dort gibt es mittlerweile auch Viren. Sie verbreiten sich massenhaft und in jenen Sekundenbruchteilen, die ein Mensch konventioneller Bauart nur angstvoll bestaunen kann. Wenn das am Ende auch bei den Schnupfen- und Hustenviren Schule macht, dann müssen wir uns warm anziehen.

Vogelperspektive

Wenn man schreiben will, muss einem zuerst etwas einfallen, aber das Wort hat leider — wem wäre es nicht schon aufgefallen — nicht nur sprachlich etwas mit Zufall zu tun. Da sitzt man also und wartet. Früher konnte man noch am Federhalter kauen, aber der ist, wie so vieles, dem Fortschritt zum Opfer gefallen, und so spazieren die Gedanken zum Fenster hinaus in den dezembergrauen Vormittag. Der große Haselbusch vor der Terrasse, der im Sommer so angenehm Schatten spendet, teilt jetzt das Bild mit seinem mageren Geäst in ein farblich sehr zurückhaltendes Mosaik aus Braun und Grau und Grün und Schwarz. Nur ein Fitzchen Sonne, und Leben würde sichtbar: aber nichts regt sich. Man kann sie förmlich sehen, die lastende, atemlose Stille.

Aber das stimmt ja gar nicht. Man muss nur genau hinhören. Das Laub unter dem Haselbusch raschelt. Eine Amsel spaziert herum, wirbelt da und dort ein Blatt auf, weil sie etwas Essbares finden will. Natürlich vergebens. Das geschieht ihr recht, warum kümmert sie sich nicht um den Maiskolben, den ich schon vor Tagen an den untersten Ast gehängt habe! Ein schöner Kolben mit prallen gelben Körnern; bio; aber vielleicht mögen Amseln keinen Mais. Oder sie sind gegenüber Neuem grundsätzlich misstrauisch. Und ich habe ihn ja auch, ehrlich gesagt, nur hinausgehängt, weil er übrig war, und ich dachte, es wäre hübsch, den Amseln beim Picken zuzusehen.

In dieser Hinsicht sind die Meisen zuverlässiger. Als der Schnee kam, habe ich, wie jedes Jahr, ein paar Meisenbollen im Haselgeäst verteilt, und schon nach einer kleinen Weile hörte man das vertraute Zwitschern, und die gelben Federbällchen mit der schwarzblauweißen Zeichnung flogen hin und her, krallten sich an einem Bollensäckchen fest und pickten, was das Zeug hielt. Ein paar Augenblicke dauert das nur, dann werfen sie sich einfach in die Luft und fliegen davon; nicht weit, nur zur Hecke hinüber, aber man sieht sie richtig, die Lust am Fliegen und am Leben.

In der Zeitung stand, man solle die Meisen bei uns nicht füttern, das schade dem Gleichgewicht der Natur. Etwas Besseres ist dem Schreiber da wohl nicht eingefallen. Er hätte länger aus dem Fenster schauen müssen, dann wäre ihm vielleicht aufgegangen, wie wenig man mit Meisenbollen gegen all das ausrichten kann, was wir unserer Welt antun. Wir füttern die Vögel doch in Wahrheit nur, weil es uns freut. Und gibt es etwas Wichtigeres?

Zauber

Entspannt sein. Sich wohl fühlen. Den Strom heilender Kräfte spüren. Wer wünschte sich das nicht? Und es ist jetzt nicht mehr unerreichbar. Man kann es kaufen. Ganz einfach im Versandhaus. Es braucht nur den kleinen Umweg über die weichen Shirts und die weichen Jacken und die weichen Hosen „mit dem optimalen Tragekomfort", die man dort bestellt, und schon ist man auf dem „sinnlichen Weg zu mehr Wohlbefinden", kann sich seine „eigenen Wohlfühl-Oasen" schaffen und wird, so steht es in großen Lettern geschrieben, zum „Meister der Entspannung".

Ist es nicht wunderbar, wie uns die Dienstleistungsgesellschaft verzaubert? Alles ist für Geld zu haben. Man braucht weder Nachbarn noch Freunde. Nur das Verzeichnis mit den Rufnummern der betreffenden Dienste sollte man parat haben und eben die richtigen Versandadressen, siehe oben.

Kaum zu glauben, aber selbst Feste kann man jetzt kaufen. Wie man hört, hat die Stadt sich entschlossen, das Fest, das zum Start unserer neuen Stadtbusse im Frühling fällig ist, von einer „Event-Firma" ausrichten zu lassen. Das Bähnlesfest haben wir damals vor einem Vierteljahrhundert noch selber machen müssen. Und war es nicht – ohne allen faulen Zauber – einfach zauberhaft?

Abhanden

Man meint, man müsste nur hinlangen, wie immer. Aber man greift ins Leere. Das Ding ist nicht da. Es liegt auch nicht daneben, und es ist auch nicht heruntergefallen. Es ist einfach weg. Und im Schrank ist es auch nicht, so wenig wie in der Kammer, wo es zwar nichts verloren hätte, aber man weiß ja nie. Wo könnte es nur sein?

Natürlich ist man gerade jetzt besonders in Eile. Doch worum auch immer es sich handelt – Geldbeutel, Handtasche, Brille – das Ding ist unersetzlich und es ist einem auf unerklärliche Weise abhanden gekommen. Gestern hat man es doch noch in der Hand gehabt, aber wo hat man es nur hingelegt? Suchen also, suchen, suchen, an den unmöglichsten Stellen. Und die Erinnerung steht wie eine leere Wand und gibt nichts preis. Zum Schock des drohenden Schadens kommen die Selbstzweifel. Am Ende traut man sich jeden Irrsinn zu. Hat man das Urlaubsgeld vielleicht versehentlich ins Altpapier gesteckt, das gestern abgeholt wurde? Eine Vorstellung, die einen dem Wahnsinn nahe bringt.

Doch in dieser ausweglosen Phase des Suchens hat das Ding endlich ein Einsehen. Da liegt es doch, als wäre nichts geschehen! Einfach so. Und die Erleichterung bläst alle Fragen fort.

Zu früh

Gestern war es so weit. Durch den Winterpelz von moderndem Laub hatten sie sich längst geschoben, aber jetzt standen wirklich die ersten leuchtend weißen Blüten da: Schneeglöckchen und Märzenbecher, und sogar von den Knospen am Seidelbast schimmerten ein paar schon violett. Und das buchstäblich in der Mitte des Winters. Es gibt ja eigentlich nichts Schöneres, als diese märzlich sonnigen Nachmittage, aber es ist einfach noch zu früh. Wer zu spät kommt, den bestraft das Leben. Und was ist mit dem, was zu früh kommt?

Da kommt irgend etwas nach. Eis und Schnee vielleicht. Aber es könnten sich, wenn die Natur aus den Fugen ist, auch ganz andere Folgen einstellen, die wir noch nicht kennen. Und überhaupt hängt wie eine unheildrohende Wolke die Frage nach den Ursachen über uns. Antworten gibt es viele, beruhigende, nachdenkliche, alarmierende. Aber wer sagt uns die Wahrheit? Und wenn es wirklich so wäre, dass die vielen Annehmlichkeiten, an die wir uns gewöhnt haben, das Klima verändern?

Dann müssten wir uns selber ändern, bevor es zu spät ist. Aber für diese Erkenntnis ist es vielleicht noch zu früh.

Zu Fuß

Der Luftraum steht ihr offen. Kaum ein anderer von unseren Vögeln behauptet so selbstverständlich den alleorobersten Platz noch in der höchsten Baumkrone für seine Frühlingsarie. Aber was sehe ich, wenn ich von meiner Arbeit aufschaue und werfe einen Blick durchs Fenster? Da spaziert sie gemütlich auf dem Rasen herum, die braune Amsel, pickt einmal dahin und dorthin, verhält, schaut sich um, huscht weiter und kommt nach ein paar Augenblicken zurück, ohne den Gebrauch ihrer Flügel auch nur entfernt ins Auge zu fassen. Warum hebt sie jetzt nicht einfach ab? Sieht sie nicht, dass sie sich zu Fuß auf eine Stufe mit den Spatzen stellt, diesen Primitivlingen unter unserem Vogelvolk, die auch die meiste Zeit im Gras herumhoppeln wie Frösche oder Kröten? Wäre sie nicht geradezu verpflichtet, alle technischen Möglichkeiten zu nutzen, die einen höher und weiter bringen?

Nun muss ich allerdings gestehen, dass ich selbst, was das Fliegen betrifft, kein Vorbild bin, obwohl doch der Flughafen ganz in der Nähe ist, und es ständig ebenso verlockende wie preiswerte Angebote gibt. Gerade jetzt in den Ferien wundern sich fortschrittliche Zeitgenossen über Hocker wie mich, die sich Woche für Woche mit irgendeinem grünen seesichtigen Plätzchen begnügen, das man mit dem Fahrrad erreichen kann oder notfalls zu Fuß. Es gibt ja Leute, die kommen von weit her und behaupten, es sei hier schöner als irgendwo sonst. Und da soll ich nach Teneriffa ?

Vielleicht sieht es die Amsel auch so. Vielleicht gefällt es ihr einfach auf der Wiese vor meinem Fenster. Und ich glaube ja auch, man muss nicht alles machen, was möglich ist.

Zu warm

Die Kapriolen des Wetters können einen schon nachdenklich machen. Überall auf der Welt steigen die Durchschnittstemperaturen beträchtlich, die Gletscher werden zusehends kleiner, an den Polen stürzen die Eisberge ins Meer. Der dort seit ewigen Zeiten gefrorene Boden taut auf und verliert dabei die Fähigkeit, das gefährliche CO_2 zu binden, das ja nach Erkenntnissen der Forscher an allem schuld ist. Einen großen Teil davon machen wir selber mit unseren Verbrennungsmotoren in Autos und Flugzeugen, und die werden, allen Warnungen zum Trotz, immer mehr. Wer am Steuer sitzt ist eben „Chauffeur", was auf Deutsch nichts anderes heißt, als Heizer. Kein Wunder, dass sich das Klima erwärmt.

Da fragt es sich nur, warum wir im April noch nie so gefroren haben, wie diesmal. Der eisige Wind vergällt selbst den Bienen die üblichen Blütenausflüge, die Spargel halten sich vorsorglich bedeckt, und auf einem Berg bei St. Moritz wurden zu Ostern unerhörte 22 Grad Minus gemessen. An Weihnachten hat man uns Schnee und Kälte vorenthalten. Vielleicht ist das jetzt der globale Ausgleich. Oder es herrscht inzwischen auch beim Heiligen Petrus Personalmangel, und es funktioniert einfach nichts mehr.

Herbstlich

Ganz geklärt ist das nicht, ob die morgendlichen Nebelschwaden sich ausbreiten, weil die Hopfen ihnen Platz machen, oder ob umgekehrt der kühle Geschmack von Herbst und Ende, der ab Mitte August in der Luft liegt, die Bauern veranlasst, ihre Pflückmaschinen anzuwerfen. Unausweichlich ist beides.

Wenn wir uns gerade so richtig an das schöne Spiel von Hitze und Baden und Durst und Eiskrem gewöhnt haben, ist es auch schon vorbei. Unumkehrbar. Da und dort verfärbt sich schon der Wald, obwohl doch die Rosen noch so tun, als hätte das Blühen nie ein Ende. „Noch" heißt das Wort. Denn was noch ist, wird ganz sicher bald nicht mehr sein. Verluste, wohin man schaut. Selbst der Tag schwindet, samt Sommerzeit holt uns die Dämmerung jeden Tag früher ein, und das Dunkel wächst. War denn alles vergebens, woran wir unser Herz gehängt haben?

Der Nachbar allerdings spricht von Hoffnung, Hoffnung auf einen guten und reichen Jahrgang, und er meint seine Reben. Er hat ein kleines Gerät mit einem schwierigen Namen, da quetscht er eine Beere hinein und hält es vor die Augen und dann kann er die Süße buchstäblich sehen, und er strahlt, als schmecke er schon den neuen Wein. Dann wäre, was wir in diesen Wochen erleben, nicht

Ende, sondern Anfang? Nur Durchgang? Verwandlung in Wunderbares? Vielleicht sollten wir doch ein paar Kartoffeln aufheben und sehen, ob sie nicht im Frühjahr treiben.

Gegen den Strom

So leicht ist das nicht, ein freundliches Gesicht zu machen, wenn die Wolken die kurzen Tage verhängen, und die Zeit dämmert im schneelosen Graubraungrün eines verlorenen Winters ins Nichts. Aber während meine trüben Gedanken ziellos das große Fensterquadrat zum Garten durchmessen, ändert sich alles. Aus der runden Krone der Zaubernuss leuchten die ersten winzigen Blütenblätter. Millimeterformate, kurze gelbe Fäden nur und noch spärlich über das raue Geäst verteilt, aber sie bringen das Unerhörte zustande: Sie sammeln das Licht! Jetzt ist es nur eine Frage von Tagen, bis der ganze Baum mit den winzigen gelben Blütenbüscheln übersät ist. Viele Wochen bis in den März wird er strahlen und in der wärmenden Sonne einen wunderbaren Duft verströmen: Hamamelis, eine der geheimen Ingredienzien in Schönheit versprechenden Töpfchen und Fläschchen.

Sie blüht gegen den Strom. Wenn es Frühling wird, lässt sie die gelben Fäden achtlos hängen, bis sich aus den schwellenden Blattknospen der haselnussgrüne Sommerflor enffaltet, der nichts von ihrer winterlichen Schönheit ahnen lässt. Freilich, nicht deretwegen heißt sie Zaubernuss. Früher, als die Menschen den verborgenen Code der Natur noch zu nutzen verstanden, schnitt man auf der Suche nach Wasser zauberkräftige

Wünschelruten aus ihren Zweigen. Vielleicht sind auch die kleinen gelben Blüten Wünschelruten, die uns helfen, verschüttete Quellen der Zuversicht wieder zu finden. Gegen den Strom.

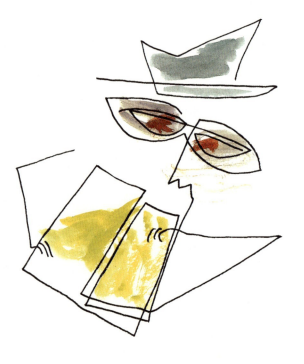

Nachtaktiv

Dass die Nacht nicht allein zum Schlafen da ist, sang in den Goldenen Zwanzigern Gustav Gründgens, und er hatte dabei — im Unterschied zu unseren gegenwärtigen Beobachtungen — durchaus Vergnügliches im Sinn. Aber der Spaß hört eben leider auf, wenn Wesen die Nacht zum Tage machen, die es auf unsere frischen Setzlinge im Garten abgesehen haben. Man mag noch so aufgeschlossen sein für die Natur und ihre Geschöpfe: Der Anblick kümmerlicher Blattreste dort, wo man gestern hoffnungsvolle junge Gurken oder Zucchini zurückgelassen hat, versetzt in Wut, und diese ist keineswegs ohnmächtig.

Schneckenkorn ist gewiss eine schreckliche Erfindung, aber es hilft wenigstens. Man kann auch Becher mit Bier aufstellen, in denen ein lustvoller Tod die Schnecken erwartet, aber, wie man liest, mögen das auch die Igel. Gleichfalls nachtaktiv, bevorzugen sie im Grunde Schnecken, aber die Macht des Alkohols ändert bekanntlich das Verhalten. Die Igel ertrinken nicht, aber während sie ihren Rausch ausschlafen, werden sie zur leichten Beute von Vögeln oder Katzen.

Was die Schnecken betrifft, so hat sich die Zahl der Arten dank des globalen Salathandels beträchtlich erweitert. Das erklärt, warum ihnen neuerdings auch die bislang unbehelligten

Tomaten zum Opfer fallen. Andere Länder, andere Sitten, man muss auf der Hut sein.

Das Wunderbare an der Natur ist die unerschöpfliche Vielfalt ihrer Einfälle. Es geschieht eben nicht nur Böses bei Nacht, siehe die obige Anspielung von Herrn Gründgens. Die kleinen braunen Ohrenwusler mit den feinen Zangen sind auch im Dunkel unterwegs, weil sie die Blattläuse an den Triebspitzen der Obstbäume für eine Delikatesse halten. Wo sie sich gütlich tun, kann man die Chemie vergessen. Die Ordnung ist klar: Ohrenwusler sind Nützlinge, Blattläuse sind Schädlinge. Allerdings nur aus unserer Sicht. Bei den Ameisen zum Beispiel haben die Blattläuse den Status von Milchkühen. Sie melken ihre süßen Exkremente und kennen nichts Nützlicheres. Mein Gott, ist das alles kompliziert!

Hinterland

Quer über den Umschlag der Einladung zu einem Konzert in einer ehemaligen Scheune im Grünen hatte der Freund mit postwidrig großen Buchstaben geschrieben: „Gruß aus dem Hinterland". Es las sich wie der augenzwinkernde Protest eines Menschen, der sich ständig abgestuft fühlt, weil er nicht am See wohnt, sondern zwischen irgendwelchen Hügeln dahinter. Oder sollte es – im Gegenteil – die Lobpreisung dieser vielgestaltig verschwiegenen Landschaft sein, die von Zeit zu Zeit sogar eine Sängerin in einer Scheune für uns bereit hält? Welche der beiden Einschätzungen meinen wir, wenn wir Hinterland sagen? Der Begriff bezieht sich bei uns ohne Zweifel auf den See, von dessen Glanz das Hinterland doch ein wenig überstrahlt wird. Aber wenn man im Wörterbuch nachliest, ist von einer Abhängigkeitsbeziehung die Rede, in der es zu einer wichtigen zentralen Örtlichkeit steht.

Abhängig. Nachgeordnet. Ohne jene zentrale Örtlichkeit sozusagen gar nicht vorhanden? Das mag ja anderswo seine Berechtigung haben. Bei uns verhält es sich doch eher umgekehrt. Es ist gewiss reizvoll, von den Höhen aus jenseits des grünen Auf und Ab den See zu entdecken, und es ist auch gut zu wissen, dass er so nah ist. Aber was wäre der See ohne Hinterland? Ein paar hundert Quadrat-

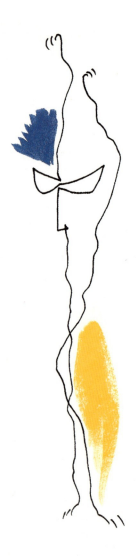

kilometer Wasser, sonst nichts. Der Zauber seines Anblicks liegt doch in den ineinander und übereinander geschobenen Linien der umgebenden Höhen mit Wald- und Wiesen und Rebengrün bis hinauf ins Felsen- und Gletscherblau. Was wäre der See ohne die Dörfer und Städte am Ufer und an den Flanken der Drumlins, ohne die Obstquartiere und die grünen Blöcke der Hopfen? Das liegt alles im Hinterland und ist überhaupt nicht nachgeordnet. Da zeigt sich wieder einmal, dass hinten ja immer zugleich auch irgendwie vorne ist.

Und nichts ist schlimmer, als wenn nichts dahinter ist.

Rätselhaft

Tettnang hat was. Zum Beispiel sind da drei große farbige Kisten — eine gelbe, eine blaue, eine grüne — die vom Morgen bis in den Spätnachmittag in der Stadt herumfahren, und niemand weiß, warum. Pünktlich alle 30 Minuten reihen sie sich am Bärenplatz vor der Stadtapotheke hintereinander auf, um sich aber gleich wieder in die verschiedenen Richtungen zu entfernen. Das Rätselhafte: Sie sind leer, und wenn man durch die dezent getönten Fenster einmal eine Person im Inneren ausmachen kann, so macht ihr einsames Vorhandensein die Leere nur noch gespenstischer. Die großen Kisten sind die Omnibusse des neuen Stadtverkehrs, aber Name ist eben — wie wir seit Goethes Faust wissen — Schall und Rauch.

Omnibus kommt aus dem Latein und heißt auf Deutsch „für alle". Das Wort kam auf, als man in der Frühzeit der Motorisierung jedermann den Vorteil rascher und bequemer Fortbewegung zuteil werden lassen wollte. Nur, freundliche Absichten sind das eine, die Frage, ob sie erwünscht sind, ist das andere. Wo die Entfernungen relativ kurz sind, wo fast jeder selber ein Auto hat, und so lange der Sprit immer noch erschwinglich ist, findet, was für alle gedacht ist, kein Interesse und wird darum auch nicht „durch alle" — das wäre die andere Übersetzung von Omnibus — getragen.

Da löst sich auch die verlockende Vorstellung, der Stadtbus könnte eines Tages zum Bahnhof nach Mecka fahren, wie ein Frühlingswölkchen in Nichts auf.

Wer alles hat, dem kann man schwer etwas schenken. Rätselhaft ist nur, dass offenbar eine menschliche Ureigenschaft im Meer des Wohlstands untergegangen ist: die Neugier. Eigentlich müsste es doch jeden „bizzlen" das Ding wenigstens einmal auszuprobieren. Es könnte ja am Ende nützlicher sein, als man denkt.

Auf der Bank

Dass die Bank Bank heißt, ist kein Zufall. Was mit Geld zusammenhängt, war schon immer eine Sache des Vertrauens. Man besprach so etwas nicht mit jedem, gleich ob es ums Leihen oder Verleihen oder ums Wechseln ging. Und man führte solche Gespräche nicht überall. Die Bank bot sich an. Vor tausend Jahren schon stand sie vor dem Haus, freundliches Angebot an die Nachbarn, sich in einer ruhigen Stunde auszutauschen: Neuigkeiten, Klatsch, Gedanken, Sachen und schließlich auch Geld. Letzteres ließ sich, nachdem man gelernt hatte, Münzen zu schlagen, auf der ebenen Fläche der Bank auch gut ausbreiten, was das Zählen und das Mitzählen erleichterte. Dass sich das Geschäft mit dem Geld nach und nach verselbstständigte und keine neugierigen Nachbarn mehr duldete, ist eine andere Sache, und das Zählen macht der Computer heute ohnehin schneller, als wir denken können.

Den Namen hat das Geld in die Etablissements seiner Herrschaft mitgenommen, nicht aber die Bank. Da und dort steht sie immer noch wartend vor dem Haus. Oft findet man sie auch im Grünen, an Wegen zwischen Wald und Feld oder im Park. Als ich neulich im Schatten einer Forche und einer Fichte auf der Gartenbank saß, die einem oben auf dem Hügel den weiten Blick auf See und Berge zu

Füßen legt, kam der Nachbar vorbei. Es ist der Brauch der Bank, die ja eigentlich ein Bänkle ist, dass sie jedermann einlädt, ungefragt, der die Gelassenheit zum Atemholen mitbringt. Was man redet – über Gott und die Welt und den Stadtrat und die Steuern – das bleibt sich eigentlich gleich. Wichtig ist, dass man es tut. Und es tut gut.

Nach Paris

In der Postkutschenzeit machte einmal eine russische Zarin im Tettnanger Hotel „Rad" Station auf ihrem Europatrip, fern von ihrer nordöstlichen Residenz. Diese Woche winkt von der Bushaltestelle gegenüber eine Reise in die nicht weniger glänzende Metropole des Westens. Nicht für jeden, versteht sich, aber doch immerhin für zwei Glückliche, die vier Tage in Paris bleiben dürfen.

Das Spiel, bei dem man gewinnen müsste, ist eine Fahrt mit dem Stadtbus, wobei man allerdings gehalten wäre, dem Busfahrer besondere Aufmerksamkeit zu schenken. Der hat was, und was das ist, danach fragt uns der Fragebogen für die Teilnahme. Hopfenleicht sei es, steht in der Ausschreibung. Wer hätte da nicht Lust?

So wenig bisher mit den schönen Bussen gefahren wurde, so viel wird darüber geredet, denn die Leute machen sich Gedanken. Es mag ja recht sein, dass die Strecken in der Stadt abgefahren werden, aber billig ist es nicht. Und man hört doch immer, dass man auf dem Rathaus sparen muss. Vielleicht kommt die Sache jetzt in Gang, wenn eine Fahrt nach Paris in Aussicht steht. Liegt also die Schwierigkeit im jetzigen Angebot? Müsste man die Ziele einfach weiter stecken? Näher als die französische Hauptstadt wäre da zum Beispiel das Argental, wenn man auch zugeben muss, dass zwischen Laimnau und Hiltensweiler nicht alles geboten wäre, was Paris verspricht.

Kriese

Dass sich unsere Vorväter das französische Wort „cerise" für die süßen Sommerfrüchte schwäbisch zurechtgebogen haben, liegt nicht an den Multikulti-Bemühungen einer sorglosen Vergangenheit. Der Krieg war schuld, Zeiten der Besetzung waren es, was die Menschen schon immer mit Erfolg durcheinandergebracht und ihr Denken und ihre Gewohnheiten beeinflusst hat. So lang ist es noch nicht her, dass die „Kriese-Ernt" für ein paar Wochen die Landschaft in Atem hielt. Überall standen in den hohen Kronen die Kirschenleitern, die längsten Leitern, die es gab. Von früh bis spät wurde gebrockt und im Schatten der Bäume sortiert. Gegen Abend reihten sich die Fahrzeuge vor den Sammelstellen, wo dann nachts die Tausende von Spankörben in Lastwagen oder Eisenbahnwaggons zum Transport in die Verbrauchergebiete verladen wurden; alles von Hand, in langer Kette von einem Helfer zum anderen. Stapler und Paletten waren noch Sciencefiction. Aber die Last war in der Kirschenzeit von der Lust nicht zu trennen, wuchsen einem doch die saftigen dunklen Früchte buchstäblich in den Mund. Und manches zarte Band wurde in der Dämmerung hoch oben in einer Kirschenkrone fester geknüpft.

Während sich vor ein paar Jahrzehnten die Erdbeerfelder auszubreiten begannen, hat die

Gunst des Marktes die „Kriese" verlassen; die heimischen jedenfalls. Fast pflaumengroße dunkel glänzende Kirschen bot dieser Tage eine Gastgeberin an. Aber die Antwort auf die Frage, wo die denn her seien, war der Name einer großen Handelskette, und das Kilo kostete nicht einmal eine Mark, Herkunft unbekannt. Wer wollte da noch Obstbauer sein?

Unsere Bäume hatten dieses Jahr ohnehin kein Glück. Zuerst war's den Bienen zu kalt, und was der Wind bestäubte, das schlug nachher der Hagel kurz und klein.

Mit uns ist also heuer nicht gut Kirschen essen. Wir haben keine.

Späte Post

Sie rief an, weil sie ihrem Brief noch etwas hinzufügen wollte, und sie konnte es nicht fassen, dass er noch nicht angekommen war. Gestern Nachmittag hatte sie ihn zur Post gegeben. Nicht etwa in Hamburg oder Düsseldorf, sondern in der Nachbarstadt. Ein Bote zu Fuß hätte ihn längst abliefern können. Aber die Post arbeitet eben nur noch selten mit Boten und schon gar nicht zu Fuß. Jede Nacht überspannt sie das Land auf Straße und Schiene und in der Luft mit einem riesigen Schnellverkehrsnetz, das wahre Wunder möglich macht. Leider aber eben auch das Unbegreifliche, dass jener Brief zu mir auf einen Umweg geschickt werden musste, der mindestens zehn mal so lang ist wie die Strecke, die uns trennt. Und da kann es Pannen geben. Und späte Post.

Wobei mir eine wunderschöne Postkarte einfällt, die ich vor kurzem aus Italien bekam. Meer und Himmel wetteifern darauf um das strahlendere Blau. Schwarzblau mit grasgrünen Wiesenflecken und rosa Felsstürzen schiebt sich das Gebirge dazwischen. Ein paar sonnentrunkene Häuser am Strand preisen sich an: Ferien im tiefen Süden! Viereinhalb Wochen war die Karte unterwegs, aber es fällt mir schwer, das zu beanstanden. Im Gegenteil. Die Freunde sind schon lang von ihrer Reise zurück, sie haben uns alles erzählt, wir haben die Fotos angesehen, der graue Alltag ist längst wieder eingekehrt. Und nun diese Postkarte, dieser leuchtend farbige Beweis nur scheinbar vergangenen Glücks. Späte Post. Italien sei Dank!

Von oben

Es ist immer noch ein Wunder. Was allerdings ein Wunder ist, denn – im Gegensatz zu den Zeitgenossen des Grafen Zeppelin – ist für uns Fliegen doch eigentlich eine Alltäglichkeit. Aber wenn das silbergraue neue Luftschiff in diesen Sommertagen hoch über uns seine lautlose Bahn zieht, sind wir verzaubert, als wären wir einem Wesen aus einer besseren Welt begegnet.

Lautlos freilich ist es nicht wirklich. Dass der längliche Riesenballon nicht dem Wind ausgeliefert ist, sondern sich präzise dorthin bewegt, wo die Piloten ihn haben wollen, ist das Werk von Propellern und Motoren. Aber man vergisst ihr Geräusch, wenn man in der geräumigen Gondel sitzt, die vom Boden aus kaum wahrzunehmen ist, und schaut durch die großen Fenster, und das Land und der See und die Berge sind unter einem ausgebreitet wie ein Bilderbuch.

Von oben ist alles anders. Gewohnte Größenverhältnisse erweisen sich als trügerisch. Der steile Hang ist nur einer von hundert sanften Hügeln. Entfernungen schwinden, wenn man sie nicht im Zwang der Straße durchmisst. Obstplantagen, Hopfengärten, Erdbeerfelder: Alles nur kaum unterscheidbare Muster auf einem großen gestreiften Fleckenteppich in wechselndem Grün. Und immer noch, obwohl sich die Siedlungen von allen Seiten in ihn hineinfressen, ist der Wald, dunkelgrün und dicht, die große Dominante, die alles im Gleichgewicht hält. Wie geriffeltes Metall wirft der graugrüne weite See das Sonnenlicht glitzernd zurück. Da und dort gleitet ein Segler schmetterlingsleicht drüber hin. Ein paar schnelle Motorboote donnern gewaltig übers Wasser, als wollten sie den vor sich hin tuckernden Dampfern zeigen, was eine Bugwelle ist. Aber man hört hier oben nichts von ihrem publikumswirksamen Auftritt. Man sieht nur Spielzeug.

Wie klein und freundlich ist doch die Welt, wenn man sie von oben betrachtet!